BEI GRIN MACHT SICH IHR WISSEN BEZAHLT

AF143516

- Wir veröffentlichen Ihre Hausarbeit, Bachelor- und Masterarbeit

- Ihr eigenes eBook und Buch - weltweit in allen wichtigen Shops

- Verdienen Sie an jedem Verkauf

Jetzt bei www.GRIN.com hochladen und kostenlos publizieren

Webauftritt für eine Hilfsorganisation für Kinder. Optimierung der Usability

Bibliografische Information der Deutschen Nationalbibliothek:

Die Deutsche Nationalbibliothek verzeichnet diese Publikation in der Deutschen Nationalbibliografie; detaillierte bibliografische Daten sind im Internet über http://dnb.d-nb.de abrufbar.

ISBN: 9783389056714
Dieses Buch ist auch als E-Book erhältlich.

Druck und Bindung: Books on Demand GmbH, Norderstedt Germany
Gedruckt auf säurefreiem Papier aus verantwortungsvollen Quellen

Das vorliegende Werk wurde sorgfältig erarbeitet. Dennoch übernehmen Autoren und Verlag für die Richtigkeit von Angaben, Hinweisen, Links und Ratschlägen sowie eventuelle Druckfehler keine Haftung.

Das Buch bei GRIN: https://www.grin.com/document/1495331

Inhaltsverzeichnis

Abbildungsverzeichnis III

1. Einleitung und Zielsetzung... 4

    1.1. Einleitung 4

    1.2. Zielsetzung 4

2. Webauftritt für eine internationale Hilfsorganisation für Kinder 4

    2.1. Fallvorstellung 4

    2.2. Marktanalyse relevanter CMS 5

        2.2.1 Auswahl des geeigneten CMS 6

    2.3. Realisierung der Webseite 7

        2.3.1. Download von WordPress 7

        2.3.2. Gestaltung der Webseite... 8

        2.3.3. Optimierung der Webseite 8

3. Entstehung der Webseite 9

    3.1. Header 9

    3.2. Erste Seite 11

4. Fazit 12

Literaturverzeichnis IV

Verzeichnis der Anhänge.. V

Anhänge und Material VI

Abbildungsverzeichnis

Abb.1: CMS-Marktanteile in Deutschland 5

Abb. 2: CMS im Vergleich 6

Abb. 3: Kinder in Not Header 10

Abb. 4: Kinder in Not erste Seite 11

Abb. 5: Kinder in Not Footer 12

1. Einleitung und Zielsetzung

1.1. Einleitung

Auch im Jahr 2024 steht das Thema „Kinder in Not" immer noch auf der Tagesordnung. Der jüngste Fall ereignete sich am 07.Oktober 2023. Auslöser des Krieges – ein Terrorangriff der Hamas auf Israel. Nach neuster Meldung der ZEIT ONLINE mussten mehr als 13.800 Kinder ihr Leben lassen und rund 12.000 Kinder leiden an Verletzungen der Angriffe. Eine Schreckensmeldung, die niemanden kalt lässt.

Aus diesem Grund ist es mir eine Herzensangelegenheit eine Website für eine Hilfsorganisation zu gestalten. In Folgenden sollen drei kostenlose Content Management Systeme miteinandervergleichen werden. Das CMS[1], welches die Kriterien vollständig erfüllt, wird zu einer Webseite für eine Hilfsorganisation, die Kindern in Not helfen soll. Der Schwerpunkt wird wegen der Aktualität auf lebensrettende Hilfsgüter für die Kinder in Gaza gesetzt.

1.2. Zielsetzung

Das Ziel war, dass die Webseite so einfach und verständlich, wie möglich gestaltet werden soll. Da es sich um eine Notsituation handelt, in der es jedem gelingen soll, seine Hilfe beizutragen, stand die Benutzerfreundlichkeit (Usability) im Fokus. Und das sowohl im Frontend als auch im Backend. Auch der ungeübte Benutzer[2] soll in der Lage sein helfen zu können. Der Redakteur soll einfach und schnell die Inhalte aktualisieren können, um den Benutzer Aktualität zu garantieren. Auf der Webseite sollen prägnante Buttons erscheinen, die zum Helfen aufrufen. Helfen kann der Benutzer mittels Geldspenden oder dem Kauf ärztlicher Versorgungspakete, sowie Grundnahrung. Ein weiteres Ziel war die Nutzung der Webseite trotz einer lokalen Katastrophensituation, also die Gewährung der Zugänglichkeit (Accessibility). Im Weiteren wurde sich mit der Problemlösung hoher gleichzeitiger Webseitenaufrufe beschäftigt.

2. Webauftritt für eine internationale Hilfsorganisation für Kinder

2.1. Fallvorstellung

In dieser Fallstudie soll der Webauftritt der internationalen Hilfsorganisation „Kinder in Not" einen großen Relaunch erleben. Durch einen Relaunch, der bereits zehn Jahre zurückliegt, gelang es der Organisation eine große Bekanntheit zu erreichen. Um den Anforderungen der heutigen Benutzer gerecht zu werden, sollen folgende Optimierungen vorgenommen werden:

---

[1] Content-Management-Systeme (englisch für Inhaltsverwaltungssysteme) sind unterstützende Programme, die die Erstellung, Bearbeitung und Organisation von Inhalten erleichtern.
[2] Dem besseren Lesefluss geschuldet, wird im Folgenden auf eine gender-konforme Schreibweise verzichtet. Es wird darauf hingewiesen, dass mit sämtlichen maskulinen Bezeichnungen selbstverständlich auch Frauen mit einbezogen sind.

- Die Benutzerfreundlichkeit – denn auch internetunerfahrene Adressaten sollen in der Lage sein helfen zu können
- Nutzung auf verschiedenen Endgeräten – die Webseite soll auf dem Computer, dem IPad oder auch dem Handy gleichaussehen, sog. „Responsive Design"
- Hohe Lastenspitze – selbst bei vielen gleichzeitigen Webseitenaufrufen und lokalen Katastrophensituationen soll die Webseite problemlos und ohne hohe Wartezeit funktionieren
- Internationales Handling – die Webseite soll problemlos in verschiedene Sprachen umgewandelt werden, um sie international nutzen zu können

Im Folgenden soll sowohl die Funktionalität als auch ein einschlägiges Design im Vordergrund stehen. Das Design wird minimalistisch gehalten, um die Notsituation nicht zu beschönigen oder gar von ihr abzulenken. Es wird sich ausschließlich auf Open-Source-Systeme spezialisiert, um den Faktor „kostenfrei" zu gewehrleisten.

2.2. Marktanalyse relevanter CMS
Anhand der oben genannten Kriterien erfolgte eine Vorauswahl möglicher kostenloser CMS, welche anschließend im Detail betrachtet werden soll. Um dies Vorauswahl zudem begrenzt zu halten, wurde Wert auf den Bekanntheitsgrad der Open-Source-Systeme gelegt. Folgend wird eine Statistik aus dem Jahr 2024 betrachtet.

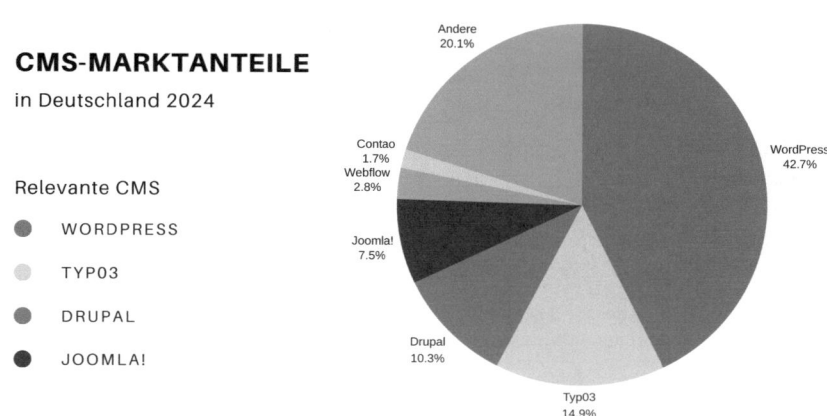

Abbildung 1: CMS-Marktanteile in Deutschland. Quelle: eigene Darstellung in Anlehnung an Homepage Helden GmbH (2024)

Aufgrund der Aktualität wird der deutschlandweite Vergleich dargestellt. Eine weltweite Studie von SEOLOTSEN aus dem Jahr 2021 bestätigt das Ranking allerdings. Aus zeitlichen Gründen sollen drei der am höchsten bewerteten CMS herangezogen werden. Demnach sind die CMS WordPress, Typo3 und Drupal für das weitere Vorgehen relevant, da sie den größten Marktanteil haben. Dieser ist für die künftige Bekanntheit von hoher Relevanz.

2.2.1 Auswahl des geeigneten CMS

Bevor sich auf ein bestimmtes CMS festgelegt wird, erfolgt die Betrachtung im Detail. Hierzu sollen die eingangserwähnten Anforderungen herangezogen werden. Zur Auswahl stehen die Open-Source-Systeme WordPress, Typo3 und Drupal.

Den Angaben zufolge ist WordPress weltweit das bekannteste CMS. Dies liegt vor allem an der einfachen Bedienbarkeit und seiner Flexibilität in der Gestaltung. Typo3 gehört auf dem Markt zu den eher Unbekannten, überzeugt jedoch deutschlandweit mit seiner hohen Sicherheit gegenüber Hackerangriffen. Drupal gilt als sehr komplexes System. Hier wird eine längere Einarbeitungszeit, aber auch eine umfassende Darstellung vieler verschiedener Funktionen geboten.

In der folgenden Abbildung sollen die CSM Vor- und Nachteile verdeutlicht werden.

CMS im Vergleich

Internationaler Webauftritt für eine Hilfsorganisation für Kinder

CMS	KOSTEN	BENUTZERFREUD- LICHKEIT	DESIGN	INTER- NATIONALITÄT	SERVICE
WordPress	★★★★	★★★★	★★★	★★★	★★★★
Typo3	★★	★★★	★★★★	★★★★	★★★
Drupal	★★★	★★	★★	★★★	★★

Abbildung 2: CMS im Vergleich. Quelle: eigene Darstellung (2024)

Zusammenfassend lässt sich feststellen, dass für die Hilfsorganisation jedes der drei CMS geeignet ist. Jedes der drei bieten ein individuelles Design und unterstützt mit nützlichen Funktionen. Die Auswahl viel auf das Open-Source-System WordPress. Dies lag an der einfachen Handhabung und dem großen Bekanntheitsgrad, dem Typo3 und Drupal nicht standhalten konnten. Ein weiterer Grund lag in dem Support des Systems. Es stehen zahlreiche Spezialisten zur Verfügung, um die

Webseite auszubauen und weitere Tools einzufügen. Der Nachteil sind hier im Gegenzug die damit verbundenen Kosten eines Spezialisten und extra Funktionen auf der Webseite. Da es sich allerdings um eine Seite handelt, die im Grundsatz nur Spenden und Hilfsgüter entgegennimmt, sollen keine komplexen Funktionen eingebaut werden. Dies schützt das System zusätzlich vor Überlastungen. Zudem besteht die Möglichkeit die Seite in den gewünschten Sprachen übersetzen zu lassen. Dies erfordert eine Nachrüstung und erzeugt einen administrativen Aufwand und sollte somit von einem Spezialisten durchgeführt werden.

2.3. Realisierung der Webseite

Das CMS WordPress kann auf zwei unterschiedlichen Plattformen installiert werden. Die Entscheidung hängt von der Vorstellung und den Anforderungen der Webseite ab. So steht die Software WordPress.org und die Lightversion WordPress.com zur Verfügung.

Die Software WordPress.org beinhaltet den Vorteil, dass eine große Auswahl an Erweiterungen, auch Plugins genannt, mitinbegriffen sind. Zudem ermöglicht es die vollständige Kontrolle über die Webseite. Allerdings wird hier ein Webhoster, als auch eine Domain benötigt. Beides wird mit Kosten und einem zusätzlichen Aufwand verbunden sein.

Die Lightversion WordPress.com genießt durch ihre Endung weltweit einen starken Ruf. Mehr als 50% aller Webseiten besitzen die Domainendung .com (Kinsta, 2023). Die Lightversion hat zudem den Vorteil, dass die Webseite direkt gehostet wird und kein weiterer Aufwand, sowie Kosten anfallen. Ein Nachteil ist das nicht alle Funktionen mitinbegriffen sind und sich somit auf ein einfaches Design festgelegt werden muss.

Da die geforderte Benutzerfreundlichkeit und ein kostenloses CSM im Vordergrund stehen, wurde sich im weiteren Vorgehen für WordPress.com entschieden. Durch die weltweite Bekanntheit der Domainendung .com wird das internationale Auftreten der Hilfsorganisation nochmals unterstrichen.

2.3.1. Download von WordPress

Der Download von WordPress erfolgt (abhängig vom Endgerät) über durch den Playstore, den Appstore oder direkt über die Webseite www.WordPress.com. Nach dem Download erfolgt das kostenlose Accountanlegen. Hierzu wird nur eine E-Mailadresse benötigt. Anschließend kann direkt mit der Gestaltung der Webseite begonnen werden. Im sogenannten Backend kann der Entwickler die Grundeinstellungen und Theme-Wahl vornehmen. Als Theme werden Design-Vorlagen bezeichnet. In dem Fall der Webseite für eine Hilfsorganisation wurde sich für ein kostenfreies Theme entschieden.

Des Weiteren wird eine individuelle Adresse für das Onlinegehen der Seite benötigt. Stand 17.05.2024 ist die Adresse www.KinderinNot01.com noch verfügbar. Dies wird ebenfalls benutzerfreundlich direkt über WordPress festgelegt und geprüft. Ist die gewünschte Adresse nicht mehr erhältlich lassen sich bereits durch kleine Abänderungen oder eine andere Domainendung eine Lösung finden.

2.3.2. Gestaltung der Webseite

Für die Gestaltung der Webseite waren zwei Kriterien Ausschlag gebend. Um das responsive Design zu garantieren, wurde zunächst nach einem Theme ausgewählt, welches dies gewährleisten kann. Als Zweites wurde auf ein einfaches und strukturiertes Auftreten geachtet. Dieses soll das ernste Thema hervorheben und nicht verschönern. Ein weiterer Vorteil des schlichten Designs ist die Ladefähigkeit der Seite. Da wenige und einfache Elemente weniger Komplexität mit sich bringen, wird die Seite hohen Besucheraufrufen standhalten können. Die Farbwahl viel auf schwarz und weiß mit der Besonderheit, dass die Buttons mit einem auffälligen rot hervorgehoben wurden. Der Aufbau verfügt über den nötigsten Inhalt, um kurz und prägnant zu sein. Neben der Hauptseite kann der Benutzer über den Header auf die Funktion „Über" und „Allgemein" klicken. Diese werden im Folgendem näher betrachtet.

2.3.3. Optimierung der Webseite

Um eine Optimierung der Reichweite und der Sicherheit an der Webseite vorzunehmen, möchte ich im Folgende auf mögliche Erweiterungen - sogenannte Plugins - aufmerksam machen. Diese werden in dem Fallbeispiel aufgrund der Kosten allerdings nicht weiter berücksichtigt.

Um an Reichweite zu gewinnen kann ein SEO-Plugin von Nutzen sein. Das bekannteste Plugin ist Yoast SEO-Plugin. Es ermöglicht, dass durch Schlüsselwörter und Phrasen die Webseite von Benutzern und Geschäften schneller gefunden wird.

Ein großes Problem von WordPress ist die Beliebtheit bei Hackern. Dies ist dem weltweiten Deckungsgrad der Webseite geschludert. Um einen umfassenden Schutz vor Malware, vieren und anderen Bedrohungen zu gewährleisten, wird iThemes Security empfohlen.

Um die Geschwindigkeit, sowie die Ladezeit der Seite zu optimieren wird WP Rocket empfohlen. Das Plugin nimmt selbstständig Optimierungen vor und reduziert somit die Ladezeit der einzelnen Elemente auf der Webseite.

Eine weitere Optimierung stellt das Erstellen einem professionellen Logos dar. Das Logo ist neben der Visitenkarte das Aushängeschild des Unternehmens. Es weist auf, für was das Unternehmen steht und welche Werte es vertritt. Ein knallig rotes Logo in einer geschwungenen Schrift kann beispielsweise für günstig, schnell und modern stehen. Ein Logo in tiefblau mit einer Serifenschrift sagt aus, dass das Unternehmen für Beständigkeit, Vertrauen, aber auch für alte Muster stehen kann. Um „Kinder in Not" zu repräsentieren habe ich mich für die Farbe schwarz entschieden. Schwarz ist die Farbe der Trauer und steht für die verstorbenen Kinder. Sie zeigt allerdings auch die Kraft der Unternehmer und den Kontrast, den Mut etwas verändern zu wollen. Des Weiteren ist die Schrift serifenlos, um den Minimalismus des Corporate Designs zu unterstreichen. Dies steht für die

Einfachheit etwas Gutes zu tun. Aber auch für die dramatische Aktualität des Krieges in unserer heutigen Moderne. Als passendes Modul empfehle ich www.fiverr.com. Hier erstellen Experten ein individuelles Logo, welches exakt auf die Wünsche zugeschnitten wird. Die Kosten der Erstellung belaufen sich auf durchschnittlich 40€.

3. Entstehung der Webseite

Nach der Festlegung der farblichen Grundlagen und der Wahl des Theme wurde die Schriftart bestimmt. Ziel der Schriftart sollte ein modernes und serifenloses Design sein, welches weder vom Inhalt noch von den der Dramatik der Bilder ablenkt. Ich habe mich für Arial entschieden, die ich je nach Zweck in Bold oder extra groß anpasste. Die Bilder sollen einen Einblick in das aktuelle Geschehen geben und die Emotionen der Benutzer wecken. Anhand des Kindchen-Schemas wurde das Titelbild gewählt. Die meiste Aufmerksamkeit zieht ein Gesicht, welches direkt in die Kamera blickt auf sich. Der Urinstinkt des hilflosen Kindes weckt das Bedürfnis sofort etwas dagegen unternehmen zu wollen. Hier wird auf die Buttons entlang der Webseite verwiesen. Diese sind mit einem prägnanten rot gekennzeichnet und heben sich stark von der restlichen Gestaltung ab. Folgend wird die Gestaltung detailliert betrachtet und erklärt.

3.1. Header

Der Header soll mit seinem minimalistischen Design direkt auf der Bild des Mädchens lenken. Durch den Reiter „Design" und dem dazugehörigen Unterpunkt „Anpassen" öffnete sich die Übersicht der Tools, mit denen die individuelle Gestaltung möglich war. Dieser Reiter ist nur in der Entwickleransicht, dem sogenannten Frontend einzusehen. Möchte der Benutzer nun mehr über die Organisation „Kinder in Not" erfahren, kann dieser über den Link im Header auf „Über" gehen. Hier werden aktuelle Einsätze der Hilfsorganisation gezeigt und vergangene Erfolge veröffentlicht. Zudem gibt dieser einen Einblick in das Privatleben und der Motivation der Gründer. Mit der Überschrift „Entdeckte deinen Einfluss" soll der Benutzer emotional angesprochen werden und seinen Beitrag über einen weiteren „Jetzt helfen" Button leisten können.

Gefolgt davon ist der Link „Allgemein". In diesem werden die Benutzer über die aktuelle Kriegslage und den Sinn und Zweck der Spenden informiert. Des Weiteren ist die Funktion „Teilen" eingerichtet, um eine hohe Reichweite durch das Verbreiten der Beiträge in öffentlichen Netzwerken zu generieren. Ein Vorteil ist, dass die Mund-zu-Mund Propaganda kostenlos und hoch effektiv ist. Zudem ist eine Kommentarfunktion eingerichtet, um mit der Community interagieren zu können. Dies stärken Bindung und Beziehung zum Nutzer.

Eine weitere Verlinkung weist auf Social Media hin. Über Instagram und Facebook hat der Benutzer die Möglichkeit in Echtzeit an den Einsätzen der Hilfsorganisation dabei zu sein. Rund 72% der deutschen Unternehmen nutzen bereits Social Media, weshalb es für „Kinder in Not" ebenfalls nötig ist, um marktfähig zu bleiben (Kempf, 2023). Auf einem Bericht von Trusted Shops aus dem Jahr 2022 geht hervor, dass Facebook vorwiegend erwachsene Personen zwischen 30 und 49 Jahren anspricht. Um eine noch größere Zielgruppe anzusprechen haben ich mich zusätzlich für Instagram entschieden. Hier werden junge Erwachsene von 14 bis 29 Jahren angesprochen (Koorevaar, 2022).

Das Einfügen des Bildes funktionierte über die Funktion „Anpassen" und „Hinzufügen". Das Hochladen und Einfügen funktionierte durch wenige Klicks. Im Menü war es möglich das Bild farblich anzupassen und die Größe zu bestimmen.

Abbildung 3: Kinder in Not Header

Das Bild des Mädchens aus Gaza mit dem passenden Zitat gehört strenggenommen nicht mehr zum Header. Es taucht allerdings in der ersten Ansicht, wenn der Benutzer die Webseite öffnet, auf. Das Bild hebt sich farblich von den roten Buttons ab und stellt somit den Kontrast sicher. Das Einfügen dieses Bildes funktionierte über den Reiter „hinzufügen". Hier gab es die Möglichkeit weitere Bilder hochzuladen und aus diesen auszuwählen. Die Bilder für die Webseite habe ich von kostenlosen Anbietern. Diese waren Canva, Shutterstock und Pexels. Eine weitere Quelle kann die künstliche Erstellung durch eine KI sein. Es reichen wenige Schlagwörter und die künstliche Intelligenz generiert ein individuelles Bild. Der Vorteil ist, dass keine urheberrechtlichen Daten verletzt werden können, da es benutzerspezifisch erstellt wird.

3.2. Erste Seite

Durch das Runterscrollen gelangt der Benutzer zu den Möglichkeiten, die ihm zur Verfügung stehen. Es handelt sich ebenfalls um ein vorgeschlagenes Design, welches individuell angepasst wurde. Die Gestaltung ist minimalistisch und funktional. Um das Corporate Design weiterzuführen sind die Buttons in rot gehalten. Durch alle Buttons gelangt der Benutzer zu einem Spendenformular, welches im Anhang exemplarisch dargestellt wird. Der Benutzer soll durch die Seite leicht und verständlich in Aktion treten. Die Benutzerfreundlichkeit steht auch hier im Vordergrund, weshalb es nur zwei Auswahlmöglichkeiten gibt.

Willkommen in einer Welt voller Möglichkeiten, gemeinsam können wir unsere Zukunft retten.

Kinder in Not: So kannst du helfen

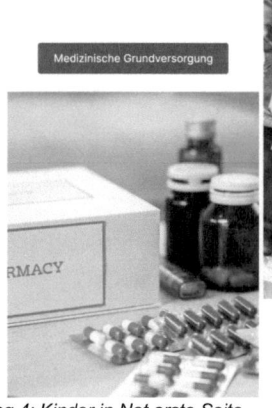

Abbildung 4: Kinder in Not erste Seite

3.3. Footer

Der Abschluss der Seite, auch Footer genannt, soll dem Benutzer Auskunft über den Standort des Unternehmens geben. Zudem erhält er die Möglichkeit sich persönlich bei Frau X und Herr Y, den Gründern von „Kinder in Not" zu melden. Der Footer ist ebenfalls minimalistisch und informierend aufgebaut. Der Footer dient als abschließendes Element und kann zusätzliche Informationen über das Unternehmen und den Verweis auf weitere Webseiten enthalten. Weiteren nützliche Elemente können Copyright-Informationen oder Links sein.

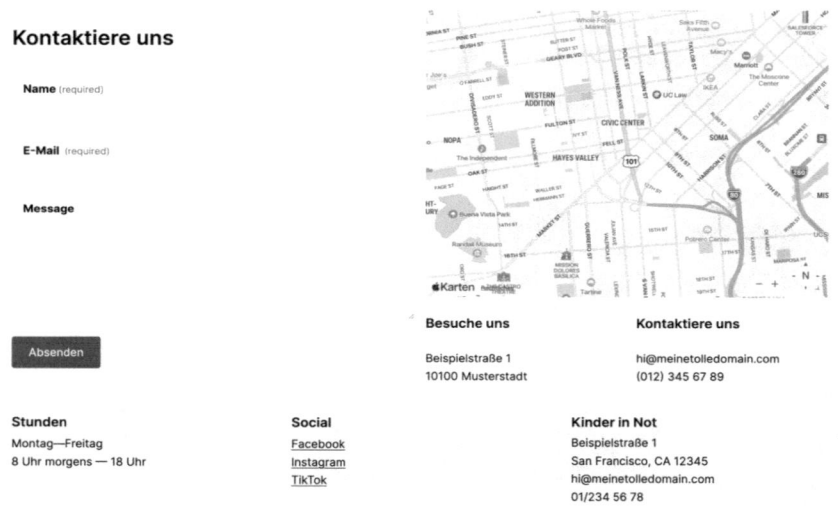

Abbildung 5: Kinder in Not Footer

4. Fazit

Das Ziel Usability, Accessibility und ein responsives Design mittels eines Open-Source-Systems zu erreichen, möchte ich als erfolgreich verbuchen. Das gewählte CSM „WordPress" eignete sich hervorragend als Anfänger-Tool. Nach nur einer kurzen Eingewöhnungszeit gelang es mir eine ganze Webseite inklusive einzelner Verlinkungen zu erstellen. Dies war ohne Vorkenntnisse problemlos möglich. Anhand der zahlreichen Designs und Möglichkeiten zur Erweiterung der Webseite konnte die Aufgabenstellung erfüllt werden. Um jedoch ein stetig erfolgreiches Spendenprogramm zu führen, bedarfs es der Anpassung an die heutigen Standards. Im Punkt 2.3.3 erörterte ich die geeigneten Plugins. Das Augenmerk lag besonders auf der Benutzerfreundlichkeit und dies sowohl im Frontend als auch im Backend. Dieser Anforderung konnte WordPress gerecht werden. Einen großen Teil trug das Theme bei. Mit dessen Hilfe wurde innerhalb Sekunden eine

Webseite erstellt, welche nur noch individuell mit Texten und Bilder ausgestattet werden musste. Die Auswahl der Theme war allerdings begrenzt, was dem Faktor „kostenlos" zuschulden kam. Dennoch reichte das kostenlose Design, um eine aussagekräftige Webseite einer Hilfsorganisation zu erstellen aus.

Ob die Wahl des CMS WordPress die Richtige war, lässt sich nicht genau bestimmen. Um eine hundertprozentige Sicherheit zu haben, wäre ein Vergleich der drei CMS von Nöten gewesen. In dem Vergleich wäre der Prozess der Erstellung in einzelnen Schritten zu dokumentieren und anhand der fertigen Webseiten Bilanz ziehen zu müssen. Dies wäre nicht im Sinne der Aufgabenstellung und hätten den zeitlichen Rahmen enorm ausgedehnt.

Literaturverzeichnis

Arns, T., (2012). Social Media in deutschen Unternehmen. *BITKOM*, 2012.

https://www.bitkom.org/sites/default/files/file/import/Social-Media-in-deutschen-Unternehmen4.pdf

Blank, S., (2020). Der ultimative CMS-Vergleich. https://blanksoftware.de/cms-vergleich/

Dpa-infocom, (2024). Sechs Monate Gaza-Krieg: Mehr als 13.800 tote Kinder. *ZEIT ONLINE*, 2024.

https://www.zeit.de/news/2024-04/04/sechs-monate-gaza-krieg-mehr-als-13-800-tote-kinder

Kinsta, (2023). .Org vs. .Com: Welche Domainendung ist die richtige für dich? *Kinsta*, 2023.

https://kinsta.com/de/wissensdatenbank/org-vs-com/

Koorevaar, D., (2022). Social Media: Welche Zielgruppe nutzt welche Social-Media-Plattformen?

Trusted Shops Blog, 2022. https://business.trustedshops.de/blog/zielgruppen-analyse-social-media#:~:text=Facebook%20hat%20keine%20wirkliche%20Nische,bis%2049%20Jahre%20(47%20Prozent)

Ledl, S., (2021). Wordpress.com vs. Wordpress.org: Was ist der Unterschied?

https://blog.hubspot.de/marketing/wordpress-org-vs-com

Szekeres, R., (2020a). WordPress Anleitung: So passt du den Header mit Elementor an.

https://quantenfrosch.at/blog/wordpress-anleitung-fuer-elementor/

Szekeres, R., (2020b). WordPress Sicherheits-Plugins für mehr Schutz.

https://quantenfrosch.at/blog/wordpress-sicherheits-plugins/

Seolotsen, (2021). CMS I Onlineshops. https://seolotsen.de/cms-onlineshops/

Tischlinger, D., (2023). CMS-Revolution: Von Backend zum Frontend. *HubSpot*, 2024.

https://blog.hubspot.de/website/frontend-backend

Verzeichnis der Anhänge

Anhang 1: Verlinkung „Über" – Button VI

Anhang 2: Verlinkung „Allgemein" – Button VII

Anhang 3: Spendenformular VIII

Anhänge und Material

Über

Entdecke deinen Einfluss

Willkommen in einer Welt voller grenzenloser Möglichkeiten.

Unsere Unternehmensphilosophie dreht sich dank der Gründer Frau X und Herr Y auf dem Wohlegehen aller Kinder. Und das weltweit.

Anfang 2018 gründeten sie die Hilfsorganisation „Kinder in Not" um ein Zeichen zu setzen. „Kein Kind auf dieser Welt sollte solch eine Kindheit haben." Dies kam aus dem Mund von Frau X, als sie 2017 einen Einsatz als Soldatin in Afghanistan hatte.

Zusammen mit einem weiteren Soldaten aus ihrem Einsatz Herr Y setzte sie sich kurz nach der Rückreise an eine Lösung.

Das Leben ist wie ein komplexes Gewebe, bei dem Entscheidungen den Weg zu Außergewöhnlichem eröffnen. Für eine erfüllende Reise braucht es Kreativität, Neugierde und Mut.

Jetzt helfen

Unsere Einsätze dank eurer Unterstüzung

Syrien

Afghanistan

Gaza

Ukraine

Kinder in Not
Beispielstraße 1
San Francisco, CA 12345
hi@meinetolledomain.com
01/234 56 78

Stunden
Montag—Freitag
8 Uhr morgens — 18 Uhr

Social
Facebook
Instagram
TikTok

Entworfen mit WordPress

Anhang 1: Verlinkung „Über" – Button

Quelle: https://kinderinnot01.wordpress.com/ueber/

Allgemein

Terror, Krieg und Hunger

Published by janahromuth1 on 19. Mai 2024

Das sollte von keinem Kind die Überschrift seiner Kindheit sein.

Lorem ipsum dolor sit amet, consectetur adipiscing elit, sed do eiusmod tempor incididunt ut labore et dolore magna aliqua. Vitae justo eget magna fermentum. Lorem ipsum dolor sit amet, consectetur adipiscing elit, sed do eiusmod tempor incididunt ut labore et dolore magna aliqua. Vitae justo eget magna fermentum. Lorem ipsum dolor sit amet, consectetur adipiscing elit, sed do eiusmod tempor incididunt ut labore et dolore magna aliqua. Vitae justo eget magna fermentum. Lorem ipsum dolor sit amet, consectetur adipiscing elit, sed do eiusmod tempor incididunt ut labore et dolore magna aliqua. Vitae justo eget magna fermentum

Jeder Cent hilft.

Teilen mit:

Ⓦ Press This   ✔ Twitter   ⓕ Facebook

buttons anpassen

↻ Rebloggen   ☆ Like   Gib das erste „Gefällt mir" ab.

Hinterlasse einen Kommentar

Verfasse einen Kommentar…

Ⓞ   Kommentar

Previous Post
Hallo Welt!

Anhang 2: Verlinkung „Allgemein" – Button

Quelle: https://kinderinnot01.wordpress.com/2024/05/19/terror-krieg-und-hunger/

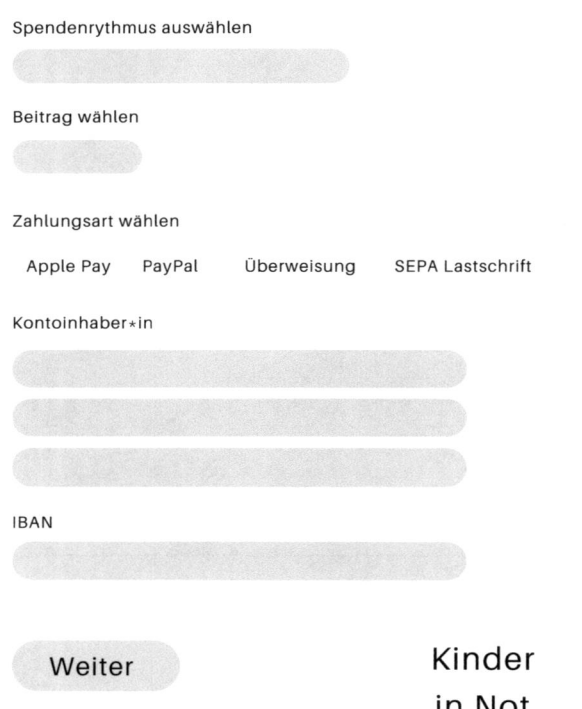

Meine Spende

Spendenrythmus auswählen

Beitrag wählen

Zahlungsart wählen

Apple Pay   PayPal   Überweisung   SEPA Lastschrift

Kontoinhaber*in

IBAN

Weiter

**Kinder
in Not**

Anhang 3: Spendenformular (exemplarisch)

Quelle: Eigene Darstellung, (25.05.2024). Erstellt mit www.Canva.com